La historia de una familia

Jeanne Dustman M.A.Ed.

Asesoras

Sharon Coan, M.S.Ed.
Ejecutiva de planificación
estratégica
Teacher Created Materials

Shelley Scudder
Maestra de educación de
estudiantes dotados
Broward County Schools

Caryn Williams, M.S.Ed.
Madison County Schools
Huntsville, AL

Créditos de publicación

Conni Medina, M.A.Ed., *Gerente editorial*

Lee Aucoin, *Diseñadora de multimedia
principal*

Torrey Maloof, *Editor*a

Marissa Rodriguez, *Diseñadora*

Stephanie Reid, *Editora de fotos*

Traducción de Santiago Ochoa

Rachelle Cracchiolo, M.S.Ed., *Editora
comericial*

Créditos de imágenes: Portada,
contraportada, págs. 1, 4 (izquierda y
derecha), 6, 7, 8, 10, 12, 18, 22, 23, 24, 25,
26, 27, 28, (izquierda y derecha), 29 (arriba
y abajo) Sharon Coan; pág.5 The Granger
Collection; pág. 3 BigStock; págs. 12–13,
15, 21 Getty Images; pág. 20, 32 The Library
of Congress [LC-USF33-016126-M1]; pág.
16 The Library of Congress [LC-USF34-
073917-D]; todas las demás imágenes
pertenecen a Shutterstock.

Teacher Created Materials

5301 Oceanus Drive
Huntington Beach, CA 92649-1030
http://www.tcmpub.com
ISBN 978-1-4938-0537-2

Índice

Morrie

Winnie

Al comienzo

Esta es la historia de la familia de Sharon. La historia comienza con sus padres. Se llamaban Morrie y Winnie. Se conocieron en 1929 en una escuela de solo un cuarto en Sycamore, Illinois.

Un cuarto como escuela

Hace mucho tiempo, las escuelas solo tenían un cuarto grande. Había ocho grados en ese cuarto. Un maestro enseñaba todos los grados.

Morrie estaba en sexto grado. Winnie estaba en primero. Ambos vivían en granjas. Morrie halaba la trenza a Winnie. Le decía que algún día se casaría con ella.

Winnie y Morrie se casaron en 1941. Morrie trabajaba en el ferrocarril. Winnie se ocupó de la casa. Sharon nació pronto. Después nacieron su hermana y sus dos hermanos.

Este documento dice que los padres de Sharon estaban casados.

El papá de Sharon amaba a sus hijos. Le gustaba llevarlos a la estación de ferrocarril a ver a los **soldados**. Los soldados estaban regresando de la **Segunda Guerra Mundial**. Arrojaban monedas y caramelos a los niños.

Sharon cuando era bebé.

La vida en el campo

La familia de Sharon se mudó a una vieja casa del campo. Sharon tenía cuatro años.

La familia de Sharon vivió en esta casa del campo.

Al principio, su casa del campo no tenía **tuberías**. Las tuberías son un sistema de tubos. Los tubos llevan el agua a través de una casa. La familia de Sharon tenía que usar un baño al aire libre, llamado *letrina*. Después, instalaron tuberías. Hicieron un baño en la casa.

Un asunto al aire libre

Hace mucho tiempo, las familias tenían letrinas en lugar de baños. Las letrinas eran frías y oscuras en la noche.

Cuando Sharon tenía ocho años, nació otra hermana. A los cinco niños les encantaba jugar al aire libre. Les encantaba explorar alrededor de su casa.

Sharon (arriba a la izquierda) posa con sus hermanos y hermanas.

A Sharon le gustaba jugar bajo un gran sauce llorón. Perseguía luciérnagas en las noches. Las luciérnagas son insectos que brillan en la oscuridad.

¡Hora de jugar!

En aquel entonces, los niños jugaban afuera más a menudo. Algunos de los juegos más populares eran el corre que te agarro, el escondite y la rayuela.

Un sauce llorón como aquel bajo el que jugaba Sharon.

Sharon y su familia vivían en una zona **rural**. Ella no vivía en la ciudad. Sharon y sus hermanos y hermanas iban a la escuela del pueblo. Tenían que caminar mucho hasta la parada del autobús escolar.

Sharon está lista para caminar a la parada del autobús.

El viaje en autobús desde y hacia la escuela también era largo. Los niños llegaban muy cansados a casa.

Sharon viajaba en un autobús escolar como este.

13

Un trabajo duro

Cuando Sharon era joven, su mamá tenía un gran jardín. La mamá de Sharon cultivaba frutas y verduras. Las guardaba en frascos. Y hacía pasteles con ellas.

La mamá de Sharon hacía pasteles de manzana como este.

Toda la familia ayudaba en el jardín. Les gustaba recoger frutas y verduras **maduras**. Mantener el jardín era un trabajo duro. ¡Pero la comida era saludable y buena!

La mamá de Sharon tenía un jardín como este.

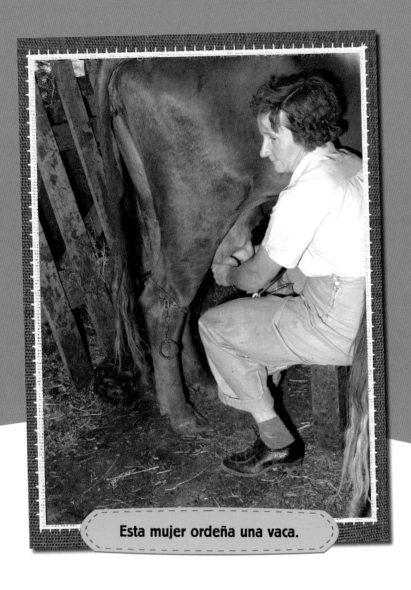

Esta mujer ordeña una vaca.

La familia de Sharon también se ocupaba de los animales. Tenían gallinas y dos vacas. Las gallinas les daban huevos. Las vacas les daban leche.

La familia de Sharon tenía cerdos pequeños como estos.

El tío de Sharon les dio cerdos pequeños. Su madre los cuidó. Los cerdos se convirtieron en mascotas. También tenían perros. El perro favorito de Sharon se llamaba Tippy.

Celebraciones y tradiciones

La familia de Sharon no trabajaba todo el tiempo. ¡También gustaba de las fiestas! En su familia había muchas **celebraciones** cuando ella era joven. Las celebraciones son fiestas para días especiales. La que más le gustaba a Sharon era la Navidad.

Sharon (adelante a la izquierda) y su familia en 1949.

Cada año decoraban un árbol de Navidad. Había regalos. Había amor. Toda la familia se reunía. ¡Un año, se reunieron 52 personas para la Navidad!

La familia de Sharon tuvo un árbol de Navidad como este.

La familia de Sharon disfrutaba de picnics como este.

Las **tradiciones** son formas de hacer cosas que han sido conservadas por una familia durante largo tiempo. La familia de Sharon tenía muchas tradiciones. Les encantaba pasear los domingos en el auto. Llevaban el almuerzo y hacían picnics.

La familia de Sharon compraba helados en un mercado como este.

De camino a casa, pasaban por el mercado Brown's Corner. El papá de Sharon preguntaba a la mamá si sería buena idea comprar un poco de H. Los niños se llenaban de emoción. ¡Sabían que H significaba "helado"!

La vida en la ciudad

En 1954, la familia de Sharon se mudó a West Chicago. Ella tenía 12 años. Dejar su casa en el campo fue un gran cambio. Ahora vivían en un pueblo cerca de una gran ciudad.

Sharon gradúandose de la universidad.

Cuando Sharon creció, fue a la universidad y se hizo maestra. Luego, conoció a un hombre llamado Don. Se enamoraron y se casaron en 1968.

Sharon y Don parten su pastel de bodas.

Su propia familia

Pronto, Sharon y Don formaron su propia familia. Tuvieron dos niñas llamadas Dara y Tami. Era una familia ocupada. Les gustaba viajar mucho. Estos viajes le recordaban a Sharon cuando salía con su familia en el auto los domingos.

Sharon con su familia durante un viaje a Washington, D. C.

A las hijas de Sharon les gustaba hacer muchas cosas. A Dara le gustaba bailar. A Tami le gustaba cantar. Las dos niñas estaban en las Niñas Exploradoras. Sharon era líder de su **tropa**.

Esta es Dara bailando.

La familia de Sharon creció con el paso de los años. Sus hijas fueron a la universidad. Después, Dara se casó con un hombre llamado Pete. Tuvieron una niña en 2009. La llamaron Hana. Sharon pasa tanto tiempo como puede con Hana.

Dara y Pete

Hoy en día, a Sharon y a Don les gusta viajar.
También les gusta pasar tiempo con su familia y verla
crecer. Sharon quiere mucho a su familia.

Sharon con Dara y Hana

¡Dilo!

Sharon y su familia tienen una historia. ¡Tu familia también tiene una historia! Dibuja o escribe la historia de tu familia. Comparte tu historia con un amigo.

Sharon cuando era bebé.

Don y Sharon

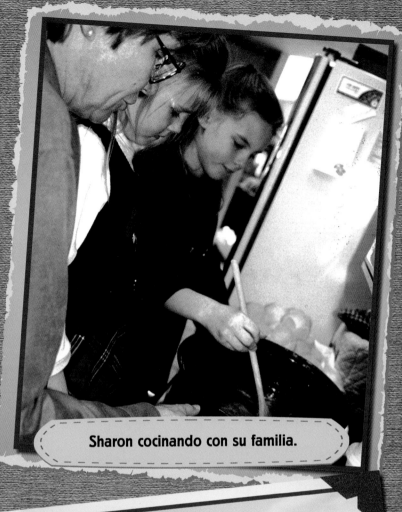

Sharon cocinando con su familia.

Sharon y su familia

Glosario

celebraciones: cosas especiales o divertidas que hacen las personas para un evento o día festivo importante

maduras: completamente crecidas y listas para comerse

rural: relacionado con el campo y no con la ciudad

Segunda Guerra Mundial: una guerra entre muchos países, desde 1939 hasta 1945

soldados: personas que son militares

tradiciones: formas de pensar o hacer cosas que han sido usadas por un grupo de personas o por una familia durante mucho tiempo

tropa: un grupo de personas

tuberías: tubos que llevan el agua a través de una casa o edificio

Índice analítico

¡Tu turno!

Tradiciones familiares

Una tradición en la familia de Sharon era salir a pasear los domingos en el auto. A veces, paraban para hacer un picnic o comer un helado.

¿Tu familia tiene tradiciones? Haz una lista de todas las tradiciones que le gustan a tu familia.